Matthias Fie

ការផ្ទេរផ្ដងអចលនទ្រព្យថ្លៃប្រ ឌិត ថ្មី៖
ដើងសារអចលនទ្រព្យបាន ធ្វើ ឱ្យសាមញ្ញ

ការផ្ទេរផ្ដងអចលនទ្រព្យ៖ ប្រសិទ្ធភាព
វិធីងាយស្រួល
និងជំនាញដើម្បីសម្របសម្រួលតាមរយៈអច
លនទ្រព្យដោយគំនិតថ្លៃប្រឌិតជគតចលដែល
ផ្ទេរផ្ដង

បោះពុម្ព

កែសម្រួលជាសៀវភៅបោះពុម្ពលើកទីមួយ ៕ ខែកុម្ភៈ 2017
(បានចេញផ្សាយដំបូងក្នុងភាសាអាល្លឺម៉ង់ ខែធ្នូ 2016)

© 2016 Matthias Fiedler

Matthias Fiedler

Erika-von-Brockdorff-Str. 19

41352 Korschenbroich

អាល្លឺម៉ង់

www.matthiasfiedler.net

ការផលិត និងបោះពុម្ព

មើលនៅទំព័រចុងក្រោយ

រចនាគ្របៈ Matthias Fiedler

ការបង្កើត e-book: Matthias Fiedler

រក្សាសិទ្ធិគ្រប់យ៉ាង។

ISBN-13 (paperback): 978-3-947184-70-5

ISBN-13 (mobi e-book): 978-3-947128-64-8

ISBN-13 (epub e-book): 978-3-947128-65-5

សង្ខេប

សៀវភៅនេះមានគំនិតបដិរូបគ្គន៍សម្រាប់កម្មវិធីផ្ទាលអចលនទ្រព្យ
ជាសកលជាមួយការគណនានៃប្រាក់ចំណេញសក្តានុពល
(រាប់ពាន់លានអឺរ៉ូ)
ពេលរួមបញ្ចូលនៅក្នុងកម្មវិធីដែលមានឈ្មោញកណ្តាលអចលនទ្រព្យ
រួមបញ្ចូលទាំងការវាយតម្លៃអចលនទ្រព្យ
(ពាន់លានអឺរ៉ូនៅក្នុងប្រាក់ចំណេញមានសក្តានុពល) ។
អចលនទ្រព្យលំនៅដ្ឋាន   និងពាណិជ្ជកម្មសម្រាប់ម្ចាស់ប្រើមួយ
ឬជួល   អាច   ដូច្នេះអាចត្រូវបានសម្របសម្រួលប្រសិទ្ធភាព
និងឆាប់រហ័ស។   វាគឺជាការ
សម្របសម្រួលអចលនទ្រព្យដោយគំនិតថ្លៃប្រឌិត
និងជំនាញសម្រាប់ឈ្មោញកណ្តាលអចលនទ្រព្យទាំងអស់
និងអ្នកទិញ   និងអ្នកជួលសក្តានុពល។
អចលនទ្រព្យត្រូវការងារក្នុងប្រទេសទាំងអស់នៅជិត
និងសួម្បីតែឆ្ងាយប្រាំដែន។

ជំនួសឈ្មួញកណ្ដាល "ការនាំយក" អចលនទ្រព្យដល់អ្នកទិញ ឬអ្នកជួលមានសក្ដានុពល

ភាគីដែលចាប់អារម្មណ៍ត្រូវបានផ្ដល់ឱកាសតាមរយៈម្រេងស្វែងរករបស់ពួ កគេលើជតចលផ្ដល់ឱកាសអចលនទ្រព្យ ហើយបន្ទាប់មកធ្វើសមកាលកម្ម និងទាក់ទងជាមួយអចលនទ្រព្យ

ដែលផ្សាយពាណិជ្ជកម្មឈ្មួញកណ្ដាលចលនទ្រព្យ។

មាតិកា

អារម្ភកថា

ក្នុងឆ្នាំ 2011 ខ្ញុំបានចាប់ផ្តើម និងអភិវឌ្ឍន៍ការផ្ដល់ជូងអចលនទ្រព្យប្រកបដោយភាពថ្លៃប្រឌិតដែលបានរៀបរាប់ពីទំព័រទាំងនេះ។

ខ្ញុំបានធ្វើការក្នុងឧស្សាហកម្មអចលនទ្រព្យតាំងពីឆ្នាំ 1998 (រួមទាំងការកែអចលនទ្រព្យ ការទិញ និងលក់ ការវាយតម្លៃ ការជួល និងការអភិវឌ្ឍអចលនទ្រព្យ)។ ខ្ញុំ ក្នុងចំណោមភ្លុជទៃ អ្នកលក់អចលនទ្រព្យដែលមានសមត្ថភាព (IHK) សេដ្ឋវិទ្យូវិស័យអចលនទ្រព្យ (ADI) និងអ្នកជំនាញក្នុងការវាយតម្លៃអចលនទ្រព្យ (DEKRA) ព្រមទាំងសមាជិកនៃរាជស្ថាប័នទទួលស្គាល់ជាអន្តរជាតិនៃអ្នកអង្កេត អាជីពផ្លូវការម្លួយ (MRICS)។

Matthias Fiedler

Korschenbroich, 31 តុលាឆ្នាំ 2016

www.matthiasfiedler.net

1. ការផ្ដួផ្ដងអចលនទ្រព្យប្រកបដោយគំនិតថ្លៃប្រឌិតៈ ការកែអចលនទ្រព្យបានធ្វើឱ្យងាយស្រួល។

ការផ្ដួផ្ដងអចលនទ្រព្យៈ ប្រសិទ្ធភាព ឈ្មួញកណ្ដាលងាយស្រួល និងជំនាញតាមរយៈអចលនទ្រព្យដោយគំនិតថ្លៃប្រឌិតផតផលដែលផ្ដួផ្ដង

ជំនួសឈ្មួញកណ្ដាល "ការនាំយក" អចលនទ្រព្យដល់អ្នកទិញ ឬអ្នកដូលមានសក្ដានុពល
អតិថិជនសក្ដានុពលត្រូវបានផ្ដួផ្ដងតាមរយៈទម្រង់ស្វែងរកលើកម្មវិធី ផតផលផ្ដួផ្ដងអចលនទ្រព្យ ហើយធ្វើសមកាលកម្ម និងទាក់ទងទៅអចលនទ្រព្យឈ្មួញកណ្ដាលអចលនទ្រព្យ។

2. គោលបំណងអ្នកទិញ និងអ្នកញលក់សក្តានុពល

សម្រាប់អ្នកទិញអចលនទ្រព្យ   ឬម្ចាស់ដី
វាជាការសំខាន់ដែលអចលនទ្រព្យរបស់គេត្រូវបានលក់ ឬជួលឈ្នើន
ឬជួលឈ្នើន និងនៅតម្លៃខ្ពស់បំផុតតាមលទ្ធភាព។
សម្រាប់អ្នកទិញ   ឬអ្នកជួលមានសក្តានុពល
វាជាការសំខាន់ដើម្បីស្វែងរកអចលនទ្រព្យត្រឹមត្រូវនេះបើយោងតាម
ចំណង់ចំណូលចិត្តផ្ទាល់   ហើយអាចទិញ   ឬជួលដោយរហ័ស
និងងាយស្រួល។

៣. វិធីសាស្ត្រងាយស្រួលដើម្បីស្វែងរកអចលនទ្រព្យ

ជាទូទៅ

មនុស្សស្វែងរកអចលនទ្រព្យចង់ស្វែងរកចលនទ្រព្យក្នុងតំបន់ដែលពួ
កគេចង់បានក្នុងផតផលអចលនទ្រព្យធំលើបណ្ដាញ។ នេះ
បន្ទាប់ពីពួកគេបានបង្កើតទម្រង់ស្វែងរកសង្ខេប

ពួកកេអាចធ្វើការប្រកាស

ឬបញ្ជីជាមួយតំណសម្បម្យទៅកាន់អចលនទ្រព្យក្នុងមួយអ៊ីម៉ែល។
នេះកើតឡើងញឹកញាប់ភាគច្រើនពី 2 ទៅ 3 ផតផលអចលនទ្រព្យ។
ទីបញ្ចប់   អ្នកលក់ត្រូវបានទាក់ទង   ទូទៅតាមរយៈអ៊ីម៉ែល
ហើយបានផ្ដល់ឱកាសទាក់ទងភាគីដែលចាប់អារម្មណ៍។
ភាគីដែលចាប់អារម្មណ៍ក៏ទាក់ទងឈ្ឈពុកណ្ដាលអចលនទ្រ
ព្យពិតផ្ទាល់ក្នុងតំបន់ពេញចិត្តដែលចុះទៅទម្រង់ស្វែងរកគ្នា។
អ្នកលក់លើផតផលអចលនទ្រព្យទាំងនេះគឺជាអ្នកលក់ទាំងឯកជន
និងពាណិជ្ជកម្ម។   អ្នកលក់ពាណិជ្ជកម្មគឺជាភ្នាក់ងារអចលនទ្រព្យធំ
ជាមួយអ្នកម៉ៅការមួយចំនួន   ភ្នាក់ងារអចលនទ្រព្យ
និងជំនួញផ្សេងៗដៃតចូលរួមនៅក្នុងវិស័យអចលនទ្រព្យ (ក្នុងអត្ថបទ

អ្នកលក់ពាណិជ្ជកម្មត្រូវបានកំណត់ថាជាឈ្មួញកណ្ដាលអចលនទ្រព្យ)។

4. គុណវិបត្តិនៃអ្នកលក់ងកជន /

គុណសម្បត្តិនៃឈ្មួញកណ្តាលអចលនទ្រព្យ

ពីផ្នែកនៃអ្នកលក់ងកជន

អចលនទ្រព្យសម្រាប់លក់មិនតែងតែជាលទ្ធផលក្នុងការលក់ភ្លាមៗ

ទេ

ដូចជាឧទាហរណ៍ជាមួយទ្រព្យជាមរតកមួយដែលមានជម្លោះនេះក្នុង

ចំណោមអ្នកទទួល

ឬកង្វះនៃធនន្ធៈមួយ។   លើសពីនេះទៅទៀត

ប្រធានបទផ្សេងៗច្បាប់មិនអាចដោះស្រាយបាន

ជាពិសេសសិទ្ធិនៃការគាំងពីលំនៅ អាចបង្កភាពស្មុគស្មាញលក់។

ម្ចាស់និងកជនអាចមិនទទួលបានការអនុម័តផ្សេងការសម្រាប់ការជួលអ

ចលនទ្រព្យ

ឧទាហរណ៍បើអចលនទ្រព្យត្រូវបានផ្សព្វផ្សាយថាជាអាជាតមិនជួល

។

បើអ្នកលក់គឺជាឈ្មួញកណ្តាលអចលនទ្រព្យ

ទិដ្ឋភាពជាទូទៅត្រូវបានបញ្ជាក់រួចទៅហើយថាបានគាំងទីលំនៅ។

លើសពីនេះទៀត   ងកសារអចលនទ្រព្យទាំងអស់ដែលពាក់ព័ន្ធ

(គម្រោងជី ថ្លង់ វិញ្ញាបនបត្រថាមពល បញ្ជីជី ឯកសារផ្ទៃការ.ល.)

ជាញឹកញាប់នៅលើដៃ។ វិធីនេះ៖ ការលក់

ផ្ដល់អាចត្រូវបានសន្និដ្ឋានយ៉ាងល្អៀន និងដោយគ្មានផលវិបាក។

5. ការផ្ទេរផ្ទុងអចលនទ្រព្យ

ដើម្បីសម្រេចបាននូវផ្ទេរផ្ទុងរវាងអ្នកទិញ និងអ្នកលក់សក្តានុពល ឬអ្នកជួលហ័ស និងប្រសិទ្ធភាព រាទូទៅសំខាន់ដើម្បីធ្វើសមកាលកម្មញឹកញាប់ និងយុទ្ធសាស្ត្រជំនាញ។

នេះជាវិធីសាស្ត្របានរក្សាសិទ្ធិត្រូវបានប្រើសម្រាប់ឈ្មោះកណ្តាលអចលនទ្រព្យស្វេងរក អតិថិជនដែលចាប់អារម្មណ៍ និងច្រាសមកវិញ។ នេះមានន័យថាជំនួស "ការនាំយក" អចលនទ្រព្យដល់អ្នកទិញ ឬអ្នកជួល

អតិថិជនត្រូវបានផ្ទេរផ្ទុងតាមរយៈទម្រង់ស្វេងរកពួកគេកើលើកម្មវិធីផ្ទេរផ្ទុង អចលនទ្រព្យ ហើយបានផ្ទេរផ្ទុង និងបានទាក់ទងទៅ អចលនទ្រព្យ ដែលឈ្មោះកណ្តាលអចលនទ្រព្យដែលបានផ្សាយ។

ក្នុងជំហានទីមួយ អ្នកទិញសក្តានុពលកំណត់ទម្រង់ស្វេងរកផ្ទាល់ខ្លួនក្នុងផតថលផ្ទេរផ្ទុង អចលនទ្រព្យ។ ទម្រង់ស្វេងរកនេះមានប្រហែល 20 លក្ខណៈពិសេស។

លក្ខណៈពិសេសខាងក្រោមក្នុងចំណោមអ្នកផ្សេង

(នេះមិនមែនជាបញ្ជីពេញលេញ)

ជាសារៈសំខាន់សម្រាប់ទម្រង់ស្វែងរកនេះៈ

-គំបន់   /   លេខកូដប្រៃសណីយ៍

/ សាលាក្រុង

-ប្រភេទនៃវត្ថុ

-ទំហំផែនការ

-ចន្លោះដែលរស់នៅ

-តម្លៃទិញ/ជួល

-ឆ្នាំសាងសង

-ចំនួនជាន់

-ចំនួនបន្ទប់

-បានជួល (បាទចាស / ទេ)

-បន្ទប់ក្រោមដី (មាន / គ្មាន)

-យ៉រ / រាបស្មើ (មាន / គ្មាន)

-ប្រភេទកំដៅ

15

-ទំហំចំណត (មាន / គ្មាន)

នេះជាសារៈសំខាន់ដែលលក្ខណៈពិសេសមិនឱ្យចូលមើលឥតគិតថ្លៃ ប៉ុន្តែបានជ្រើសរើសប្រសើរជាងដោយចុចលើ ឬបើកវាលជាបន្តបន្ទាប់ (ឧទាហរណ៍ "ប្រភេទនៃវត្ថុ") ពីបញ្ជីជាមួយជម្រើសបានផ្តល់ (ឧទាហរណ៍ ប្រភេទវត្ថុៈ អាផាតមិន ផ្ទះក្រុមគ្រួសារតែមួយ ឃ្លាំង ការិយាល័យ។ល។)

តាមចិត្ត អ្នកទិញសក្តានុពលអាចកំណត់ទម្រង់ស្វែងរកបន្ថែម។ ការផ្លាស់ប្តូរទៅទម្រង់ស្វែងរកក៏អាចធ្វើបាន។

ភាគីដែលចាប់អារម្មណ៍ក៏ត្រូវតែបញ្ចូលទិន្នន័យទាក់ទងពេញលេញរបស់ពួកគេក្នុងវាលដែលបានផ្តល់ រួមទាំងឈ្មោះចុងក្រោយ ឈ្មោះដំបូង លេខផ្លូវ និងលេខផ្ទះកូដប្រៃសណីយ៍ សាលាក្រុង ទូរស័ព្ទ និងអ៊ីម៉ែល។
ក្នុងបរិបទនេះភាគីដែលចាប់អារម្មណ៍ផ្តល់ការយល់ព្រមដើម្បីទាក់ទងដោយឈ្មួញកណ្តាលអចលនទ្រព្យ

និងដើម្បីធ្វើអចលនទ្រព្យដែលអាចប្រើបានដែលពាក់ព័ន្ធ (exposés
)។

លើសពីនេះទៀត
ភាគីដែលចាប់អារម្មណ៍បញ្ជាប់កិច្ចសន្យាជាមួយប្រតិបត្តិករនៃផតចល
ផ្ទផ្ទងអចលនទ្រព្យនេះ។

ក្នុងជំហានបន្ទាប់   ទម្រង់ស្វែងរកត្រូវបានធ្វើឡើងលើ   API
ឬអន្តរមុខសរសេរកម្មវិធី (ប្រៀបធៀបទៅនឹង API "openimmo"
ក្នុងប្រទេសអាល្លឺម៉ង់   ឧទាហរណ៍)
ដើម្បីចូលរួមឈ្មេញកណ្ដាលអចលនទ្រព្យដែលមិនទាន់អាចមើលឃើ
ញ។ វាគួរតែសម្គាល់ថា API នេះ – អនុវត្តគន្លឹះក្នុងកម្មវិធី –
គួរតែគាំទ្រវាល់កម្មវិធីកែអចលនទ្រព្យនៅជិតកំពុងប្រើ
ឬធានានូវការផ្ទេរទិន្នន័យ។   បើមិនអត់ទេ
នេះគួរតែបានធ្វើឱ្យបច្ចេកទេសអាចធ្វើបាន។
ដូចមានអន្តរមុខរួចហើយដូចនិយាយខាងលើ "openimmo" API និង
APIs ផ្សេងទៀតកំពុងប្រើ ការផ្ទេរទម្រង់ស្វែងរកគួរតែមានលទ្ធភាព។

ផ្ទុយឈ្មួញកណ្ដាលអចលនទ្រព្យប្រៀបធៀបអចលនទ្រព្យអាចរកឃ
កគេជាមួយទម្រង់ស្វែងរក។

មានអចលនទ្រព្យត្រូវបានទិញទៅក្នុងផតចលផ្ទួផ្ទង
ហើយលក្ខណៈពិសេសជាបន្តបន្ទាប់ធ្វើសមកាលកម្ម
និងបានភ្ជាប់។

ការផ្ទួផ្ទងជោគជ័យត្រូវបានធ្វើតាមដោយការផ្ទួផ្ទងជាមួយភាគរយដែ
លត្រូវគ្នា។

ទម្រង់ស្វែងរកអាចមើលឃើញក្នុងកម្មវិធីឈ្មួញកណ្ដាលអចលនទ្រ
ព្យបន្ទាប់ពីផ្ទួផ្ទង 50% ឧទាហរណ៍។

ទីនេះលក្ខណៈពិសេសជាបុគ្គលគឺត្រូវបានរាស់វែងលើគ្នាទៅវិញទៅម
ក (ប្រព័ន្ធពិន្ទុ) ដើម្បីឱ្យការប្រៀបធៀបនៃលក្ខណៈពិសេសមាន
លទ្ធផលជាភាគរៀងសម្រាប់ការផ្ទួផ្ទង
(ភាពអាចមានឡើងនៃការផ្ទួផ្ទងព្រាវៗ)។ ឧទាហរណ៍
លក្ខណៈពិសេស "ប្រភេទវត្ថុ" គឺត្រូវបានរាស់វែងច្រើន
ជាងលក្ខណៈពិសេស "ទីតាំងរស់នៅ"។ លើសពីនេះ
លក្ខណៈពិសេសជាក់លាក់អាចត្រូវបានជ្រើសរើស (ដូចជា
ជាន់ក្រោមដី) ដែលអចលនទ្រព្យនេះត្រូវតែមាន។

18

ក្នុងដំណើរការនៃការប្រៀបផ្ទៀបនៃលក្ខណៈពិសេសសម្រាប់
ការផ្ដួផ្ដង ការថែទាំគួរតែបានធ្វើឡើងដើម្បីផ្ដល់ដល់ឈ្នះកណ្ដាល
អចលនទ្រព្យចូលទៅកាន់តែតំបន់ (ដែលបានកក់)
ដែលចង់បានរបស់ពួកគេប៉ុណ្ណោះ។
នេះកាត់បន្ថែមការងារនៃការផ្ដួផ្ដងទិន្នន័យ ច្រើនទាំងអស់ដើម្បីឱ្យ
ឈ្នះកណ្ដាលអចលនទ្រព្យធ្វើការក្នុងតំបន់ជាញឹកញាប់ខ្លាំង។
វាគួរតែបានចំណាំថា កន្លែងទុកដាក់ និងការធ្វើដំណើរការនៃចំនួន
ទិន្នន័យធំៗគឺអាចទៅរួមក្នុងថ្ងៃនេះតាមរយៈអ្វីដែលស្គាល់ថាជា
ក្លោដ៍។

តែឈ្នះកណ្ដាលអចលនទ្រព្យប៉ុណ្ណោះគួរតែមានចូលទៅកាន់កម្រង
ព័ត៌មានស្វែងរក ដើម្បីធានាពីការនាំសម្រេះសម្រួលអចលនទ្រព្យ
មានវិជ្ជាជីវៈ។

ឈ្នះកណ្ដាលអចលនទ្រព្យចូលទៅក្នុងកិច្ចព្រមព្រៀងមួយជាមួយ
ប្រតិបត្តិករនៃប្រព័ន្ធផតផល្ដួផ្ដងអចលនទ្រព្យសម្រាប់
គោលបំណងនេះ។

បន្ទាប់ពីផ្លូវផ្លង ឈ្មួញកណ្ដាលអាចទាក់ទងភាគីដែលចាប់អារម្មណ៍ និងផ្ដុយទៅវិញ។ នេះក៏មានន័យថា បើឈ្មួញកណ្ដាលបានធ្វើអ្នកទិញសក្ដានុពលនូវការបង្ហាញ របាយការណ៍សកម្មភាព ឬការអះអាងរបស់ឈ្មួញកណ្ដាលទៅ កាន់គណៈកម្មការក្នុងករណីនៃការទិញ ឬការជួលគឺត្រូវបានរៀប ជាឯកសារ។

ការសន្នតជាមុននេះដែលម្ចាស់ (អ្នកលក់ ឬម្ចាស់ជី) បានផ្ដល់អាណត្តិដល់ឈ្មួញកណ្ដាលនូវការនាំសម្រុះសម្រលនូវ អចលនទ្រព្យ

ឬបានយល់ព្រមឱ្យផ្សព្វផ្សាយពាណិជ្ជកម្មពីអចលនទ្រព្យ។

6. កម្មវិធី

ការផ្ដួងផ្ដងអចលនទ្រព្យដែលបានរៀបរាប់នៅទីនេះគឺអាចអនុវត្តបាន សម្រាប់ការទិញ និងអចលនទ្រព្យជួលក្នុងវិស័យអាជាតមិន និង អចលនទ្រព្យបែបពាណិជ្ជកម្ម។

សម្រាប់អចលនទ្រព្យបែបពាណិជ្ជកម្មនឹងតម្រូវឱ្យមានលក្ខណៈ៖ ពិសេសទ្រព្យសម្បត្តិបន្ថែម។

ឈ្មួញកណ្ដាលក៏អាចជាអ្នកទិញជាសក្ដានុពល ដូចជាទម្លាប់ ឧទាហរណ៍ នៅពេលឈ្មួញកណ្ដាលកំពុងធ្វើការក្នុងនាមអតិថិជន។

ទាក់ទងនឹងទឹកដី ប្រព័ន្ធគតលផ្ដួងផ្ដងអចលនទ្រព្យអាចសម្រប ស្មើរតែគ្រប់ប្រទេស។

7. អត្ថប្រយោជន៍

ការផ្ទេរផ្ទុងអចលនទ្រព្យផ្តល់នូវអត្ថប្រយោជន៍ដ៏អស្ចារ្យសម្រាប់អ្នកទិញជាសក្តានុពល ឧទាហរណ៍ បើពួកគេកំពុងរកមើលក្នុងតំបន់របស់ពួកគេ (ទឹកដែនៃការរស់នៅ) ឬកំពុងស្វែងរកអចលនទ្រព្យក្នុងទីក្រុង/តំបន់ដទៃដោយសារតែផ្លាស់ប្តូរការងារ។ ពួកគេរៀបចំកម្រងព័ត៌មានស្វែងរកត្រឹមតែមួយលើក ហើយនឹងត្រូវបានផ្ញើនូវបញ្ជីអចលនទ្រព្យសមស្របពីឈ្មួញកណ្តាលសកម្មនៅក្នុងតំបន់ដែលចង់បាន។

វាផ្តល់ជូនឈ្មួញកណ្តាលនូវអត្ថប្រយោជន៍ដ៏អស្ចារ្យក្នុងប្រសិទ្ធផលនិងភាពស័ក្តិសិទ្ធិសម្រាប់ការលក់ និងការជួល នៅពេលពួកគេត្រូវបានផ្តល់នូវទិដ្ឋភាពទូទៅទៅភ្លាមៗលើសក្តានុភាពនៃអ្នកទិញ/អ្នកជួល ដែលចាប់អារម្មណ៍ជាក់លាក់សម្រាប់អចលនទ្រព្យរបស់ពួកគេ។ ឈ្មួញកណ្តាលអាចធ្វើទំនាក់ទំនងបន្ថែមដោយផ្ទាល់ (រួមទាំងការធ្វើ exposés អចលនទ្រព្យ) ជាមួយនឹងក្រុមគោលដៅ ដែលពាក់ព័ន្ធរបស់ពួកគេ ដែលមានន័យថាអ្នកដែលបានពិចារណា

យ៉ាងប្រុងប្រយ័ត្នលើប្រភេទអចលនទ្រព្យ ដែលពួកគេកំពុងស្វែង

រកដោយការរៀបចំកម្រងព័ត៌មានស្វែងរក។

នេះបង្កើនគុណភាពនៃការទាក់ទងជាមួយនឹងភាគីដែលចាប់

អារម្មណ៍ដែលពួកគេកំពុងស្វែងរក។

វាក៏កាត់បន្ថយចំនួនការណាត់ជួបមើលជាបន្តបន្ទាប់ និងបង្រួញ

រយៈពេលធ្វើទីផ្សារសម្រាប់អចលនទ្រព្យដែលបានផ្សាយ

ពាណិជ្ជកម្ម។

ការមើលអចលនទ្រព្យដែលបានផ្សាយពាណិជ្ជកម្មដោយភាគី

ដែលចាប់អារម្មណ៍គឺត្រូវបានអនុវត្តតាមការចុះហត្ថលេខានៃ

កិច្ចព្រមព្រៀងទិញ ឬជួល ជាទម្លាប់។

8. ការគណនាជាឌទាហារណ៍ (ជាសក្តានុពល) តែអាជាត់មិន និងលំនៅដ្ឋានដែលនៅដោយ ម្ចាស់ប៉ុណ្ណោះ (មិនរាប់បញ្ចូលអាជាត់មិន ឬលំនៅដ្ឋាន និងអចលនទ្រព្យបែបពាណិជ្ជកម្មដែលបានជួល)

ឧទាហារណ៍ខាងក្រោមធ្វើឱ្យច្បាស់លាស់នូវសក្តានុភាពនៃប្រព័ន្ធ ជគតចលផ្ដួងអចលនទ្រព្យ។

តំបន់ប្រជាជនធំៗជាមួយអ្នករស់នៅ 250,000 នាក់ ដូចជា ទីក្រុង Mönchengladbach តាមស្ថិតិមានសមាជិកគ្រួសារ 125,000 នាក់ (ជាមធ្យម 2 នាក់ក្នុងមួយគ្រួសារ)។ អត្រាផ្លាស់ទីជាមធ្យមគឺប្រមាណជា 10% ដូច្នេះសមាជិកគ្រួសារ 12,500 នាក់ផ្លាស់លំនៅដ្ឋានរាល់ឆ្នាំ។ ផ្លាស់ទីទៅ និងមក Mönchengladbach គឺមិនមែនជាកត្តាឡើយ។ ដូច្នេះ សមាជិកគ្រួសារប្រហែល 10,000 នាក់ (80%) កំពុងស្វែងរកជួលអចលនទ្រព្យ ហើយសមាជិកគ្រួសារប្រហែល 2,500 នាក់ (20%) គឺកំពុងស្វែងរកទិញអចលនទ្រព្យ។

យោងតាមរបាយការណ៍ទីផ្សារអចលនទ្រព្យនៃគណៈកម្មាធិការ

ពិគ្រោះយោបល់របស់ទីក្រុង Mönchengladbach ក្នុងឆ្នាំ 2012

មានការទិញ 2,613 អចលនទ្រព្យ។ នេះបញ្ជាក់ពីចំនួនអ្នកទិញ

2,500 នាក់ដែលចាប់អារម្មណ៍ ដែលបានរៀបរាប់ខាងលើ។

រាគាមពិតនឹងច្រើនជាងនោះ ដោយសារតែមិនមែនអ្នកទិញជា

សក្តានុពលនីមួយៗនឹងមានអចលនទ្រព្យដែលទិញជាក់ស្តែង។

ប្រហែលចំនួនអ្នកទិញដែលចាប់អារម្មណ៍ជាក់ស្តែង ឬជាពិសេស

ចំនួនកម្រងព័ត៌មានស្វែងរកនឹងខ្ពស់ជាងពីរដងនឹងអត្រាជាមធ្យម

នៃការផ្លាស់ទីប្រហែល 10% ពោលគឺ 25,000

កម្រងព័ត៌មានស្វែងរក។

នេះរាប់បញ្ចូលអ្នកទិញជាសក្តានុពលដែលរៀបចំពាក្យកម្រង ព័ត៌មាន

ស្វែងរកក្នុងប្រព័ន្ធផគចលផ្ផផ្ដងអចលនទ្រព្យ។

ពីបទពិសោធន៍ រាគូរតែបានរៀបរាប់រហូតដល់បច្ចុប្បន្នថា

ប្រហែលភាគីពាក់កណ្ដាលដែលចាប់អារម្មណ៍ទាំងអស់

(អ្នកទិញនិងអ្នកជួល) បានរកឃើញអចលនទ្រព្យរបស់ពួកគេតាម

ឈ្មួញកណ្ដាលអចលនទ្រព្យ ដូច្នេះមានគ្រួសារសរុប 6,250។

ពីបទពិសោធន៍ ទោះជាយ៉ាងណា យ៉ាងហោចណាស់ 70% នៃគ្រួសារទាំងអស់ដែលបានរកឃើញតាមប្រព័ន្ធអចលនទ្រព្យលើបណ្ដាញ ដូច្នេះមានគ្រួសារសរុប 8,750 (ដែលឆ្លើយតបទៅនឹងកម្រងព័ត៌មានស្វែងរក 17,500)។

បើ 30% នៃភាគីដែលចាប់អារម្មណ៍ទាំងអស់នៅក្នុងទីក្រុងមួយដូចជា Mönchengladbach ដែលមានន័យថា 3,750 គ្រួសារ (ដែលឆ្លើយតបនឹងកម្រងព័ត៌មានស្វែងរក 7,500) រៀបចំកម្រងព័ត៌មានស្វែងរករបស់ពួកគេជាមួយនឹងកម្មវិធីប្រព័ន្ធផ្គត់ផ្គង់អចលនទ្រព្យ ឈ្នះកណ្ដាលអចលនទ្រព្យអាចផ្ដល់អ្នកពារទ្រព្យរបប់ព្យួរគេទៅកាន់អ្នកទិញជាសក្ដានុពលតាមរយៈកម្រងព័ត៌មានស្វែងរកជាក់លាក់ 1,500 (20%) និងទៅកាន់អ្នកដូលជាសក្ដានុពលតាមរយៈកម្រងព័ត៌មានផ្សាល់ស្វែងរកជាក់លាក់ 6,000 (80%) ជារៀងរាល់ឆ្នាំ។

នេះមានន័យថា ក្នុងទីក្រុងមួយដែលមានចំនួនប្រជាជន 250,000 នាក់ជាមួយនឹងរយៈពេលស្វែងរក 10 ខែសម្រាប់កម្រងព័ត៌មាននិមួយៗ និងតម្លៃឧទាហរណ៍ €50

ក្នុងមួយខែ ចំណូលសក្តានុពលពីកម្រងព័ត៌មានស្វែងរក 7,500
នឹងមាន €3,750,000 ក្នុងមួយឆ្នាំ។

ដោយធ្វើគម្រោងនេះតាមសាធារណៈរដ្ឋសហព័ន្ធអាល្លឺម៉ង់ជាមួយអ្នក
រស់នៅប្រមាណ 80,000,000 (80 លាន) នាក់
នេះបង្ហាញជាលទ្ធផលចំណូលសក្តានុពល €1,200,000,000 (€1.2
ពាន់លាន) ក្នុងមួយឆ្នាំ។ ឧទាហរណ៍ជំនួសឱ្យ 30% បើ 40%
នៃភាគដែលចាប់អារម្មណ៍ទាំង

អស់ស្វែងរកអចលនទ្រព្យលើប្រព័ន្ធផតផលផ្តួងអចលនទ្រព្យ
ចំណូលសក្តានុពលកើតឡើងដល់ €1,600,000,000 €1.6 ពាន់លាន)
ក្នុងមួយឆ្នាំ។

ចំណូលសក្តានុពលនេះគឺសម្រាប់តែអាផាត់មិន និងលំនៅដ្ឋាន
ដែលនៅដោយម្នាស់ប៉ុណ្ណោះ។ អចលនទ្រព្យជួល
និងវិនិយោគក្នុងវិស័យអចលនទ្រព្យស្នាក់នៅ
និងវិស័យអចលនទ្រព្យបែបពាណិជ្ជកម្មទាំងស្រុងគឺមិនបានចែក
ទៅក្នុងការគណនាចំណូលសក្តានុពលនេះឡើយ។

ជាមួយប្រមាណ 50,000 អាជីវកម្មដែលពាក់ព័ន្ធក្នុងតំបន់ជើងសារ អចលនទ្រព្យក្នុងប្រទេសអាល្លឺម៉ង់ជាមួយនឹងនិយោជិកប្រមាណជា 200,000 នាក់ (រួមមានអ្នកម៉ៅការអាគារ ទីភ្នាក់ងារអចលនទ្រព្យ និងអាជីវកម្មដទៃដែលពាក់ព័ន្ធក្នុងអចលនទ្រព្យ) និងចំណែកម៉ូដែល 20% នៃ 50,000 អាជីវកម្មដែលកំពុងប្រើប្រាស់ ប្រព័ន្ធគតចលផ្លូវផ្លូងអចលនទ្រព្យនេះជាមួយនឹងអាផ្ថាប៉ិល្លៃចំនួន 2 ជាមធ្យម លទ្ធផល ជាមួយតម្លៃម៉ូដែល €300 ក្នុងមួយអាផ្ថាប៉ិល្លៃ ក្នុងមួយខែ គឺជាចំណូលសក្តានុពលនៃ €72,000,000 (€72 ៣៨លាន) ក្នុងមួយឆ្នាំ។ លើសពីនេះ ការកក់ក្នុងតំបន់គួរតែកើតឡើងសម្រាប់កម្រងព័ត៌មាន ស្វែងរកនៅទីនោះដោយផ្តេកលើការរៀបចំ ដើម្បីឱ្យចំណូលសក្តា នុពលគួរឱ្យកក់សម្គាល់បន្ថែមអាចត្រូវបានបង្កើតនៅទីនោះ។

ឈ្ពញកណ្តាលត្រូវតែលើបន្ទរធ្វើបច្ចុប្បន្នភាពសំណុំទិន្នន័យនៃ អ្នកទិញសក្តានុពលរបស់ពួកគេ បើអាច ដោយសរតែសក្តានុភាព ដ៏អស្ចារ្យសម្រាប់ភាគីដែលចាប់អារម្មណ៍នេះជាមួយនឹងកម្រង ព័ត៌មានស្វែងរកជាក់លាក់ ជាពិសេសនៅពេលចំនួនកម្រងព័ត៌មាន

28

ស្វែងរកទាន់សម័យនេះនឹងទំនងជាងហួសចំនួនកម្រងព័ត៌មាន ស្វែងរកដែលបានរៀបចំដោយឆ្លៀញកណ្ដាលជាច្រើននៅក្នុងសំណុំ ទិន្នន័យរបស់ពួកគេ។

បើប្រព័ន្ធឥតគលអចលនទ្រព្យថ្មីបង្កើតថ្មីនេះគឺត្រូវបានប្រើក្នុង បណ្ដាប្រទេសជាច្រើន ជាឧទាហរណ៍ អ្នកទិញសក្ដានុពលក្នុង ប្រទេសអាល្លឺម៉ង់អាចរៀបចំកម្រងព័ត៌មានស្វែងរកសម្រាប់អាផាត មិនវ៉ិស្យេមកាលលើ កោះ Mallorca មេឌីទែរណេ (ប្រទេសអេស្ប៉ាញ) ហើយឆ្លៀញជើងអចលនទ្រព្យដែលចូល្យម នៅក្នុង Mallorca អាចបង្ហាញអាផាត់មិនដែលស័ក្ដិសមទៅកាន់ អ្នកទិញ /អ្នកជួលក្នុងប្រទេសអាល្លឺម៉ង់តាមអ៊ីម៉ែលបាន។ បើ exposés គឺសរសេរជាភាសាអេស្ប៉ាញ សព្វថ្ងៃនេះអ្នកទិញដែល ចាប់អារម្មណ៍អាចមានអត្ថបទដែលបានបកប្រែយ៉ាងរហ័សទៅជា ភាសាអាល្លឺម៉ង់ជាមួយនឹងជំនួយនៃកម្មវិធីបកប្រែលើបណ្ដាញ។

ដើម្បីអាចយល់ពីការផ្ទុកធ្ងន់ពីកម្រងព័ត៌មានស្វែងរក និងអចលនទ្រព្យដែលបានផ្សាយពណ៌នាជួកម្មទូទាំងភាសា

ការផ្លូវផ្លង់នៃលក្ខណៈពិសេសជាក់លាក់មួយអាចកើតមាននៅក្នុង
ប្រព័ន្ធផតផ្លូវផ្លង់អចលនទ្រព្យលើមូលដ្ឋាននៃលក្ខណៈពិសេស
សរសេរជាកម្មវិធី   (គណិតវិទ្យា)   ដែលមិនបានចាប់គូពីភាសា
ហើយភាសានិងត្រូវបានលៃទុកជាបន្លុបន្ទាប់។

ជាមួយនិងប្រព័ន្ធផតផ្លូវផ្លង់អចលនទ្រព្យលើគ្រប់ទ្រីបទាំងអស់
ចំណុលសក្តានុពលដែលបានរៀបរាប់ខាងលើ
(អ្នកស្វែងរកអចលនទ្រព្យសក្តានុពលប៉ុណ្ណោះ)   និងបង្ហាញជូចខាង
ក្រោមតាមរយៈការគន់គូរដែលធ្វើឱ្យសាមញ្ញខ្លាំង។

ចំនួនប្រជាជនពិភពលោកៈ

7,500,000,000 (7.5 ពាន់លាន) នាក់

1. ចំនួនប្រជាជនក្នុងបណ្ដាប្រទេសឧស្សាហកម្ម
   និងប្រទេសដែលមានឧស្សាហកម្មធំៗ៖
   2,000,000,000 (2.0 ពាន់លាន) នាក់

2. ចំនួនប្រជាជនក្នុងប្រទេសកំពុងដើបឡើង៖
   4,000,000,000 (4.0 ពាន់លាន) នាក់

3. ចំនួនប្រជាជនក្នុងប្រទេសកំពុងអភិវឌ្ឍ៖
   1,500,000,000 (1.5 ពាន់លាន) នាក់

ប្រាក់ចំនេញប្រចាំឆ្នាំជាសក្ដានុពលសម្រាប់សាធារណរដ្ឋសហព័ន្ធអា
ល្លឺម៉ង់ក្នុងចំនួន €1.2 ពាន់លានសម្រាប់អ្នករស់នៅ 80 លានអ្នក
អាចបម្លែងបាន   និងបានធ្វើតម្រោងទៅលើប្រទេសឧស្សាហកម្ម
ប្រទេសកំពុងដើបឡើង

និងប្រទេសកំពុងអភិវឌ្ឍជាមួយនឹងវិស័យដែលបានសន្មតដូចខាង
ក្រោម។

1. ប្រទេសឧស្សាហកម្ម៖   1.0

2. ប្រទេសកំពុងងើបឡើង៖   0.4

3. ប្រទេសកំពុងអភិវឌ្ឍ៖   0.1

នេះមានន័យថាចំណូលប្រចាំឆ្នាំជាសក្តានុពលខាងក្រោម៖   (€1.2
ពាន់លាន x ចំនួនប្រជាជន (ប្រទេសអភិវឌ្ឍ កំពុងងើបឡើង
ឬកំពុងអភិវឌ្ឍ) / អ្នករស់នៅ 80 លាននាក់ x វិស័យ)។

1. ប្រទេសឥណ្ឌូហាកម្ពុ:   €30,00 ពាន់លាន

2. ប្រទេសកំពុងដើរបទ្យើង: €24,00 ពាន់លាន

3. ប្រទេសកំពុងអភិវឌ្ឍ: €2.25 ពាន់លាន

សរុប: €56.25 ពាន់លាន

9. សេចក្តីសន្និដ្ឋាន

ប្រព័ន្ធផតថលផ្គូផ្គងអចលនទ្រព្យដែលបានបង្ហាញនៅទីនេះផ្តល់នូវអត្ថប្រយោជន៍គួរឱ្យកត់សម្គាល់សម្រាប់អ្នកដែលកំពុងស្វែងរកអចលនទ្រព្យ (អ្នកទិញជាសក្តានុពល) និងឈ្មួញកណ្តាលអចលនទ្រព្យ។

1. អ្នកទិញសក្តានុពលនឹងត្រូវការពេលវេលាតិចណាស់ក្នុងការស្វែងរកអចលនទ្រព្យដែលស័ក្តិសម ដោយសារតែពួកគេរៀបចំ កម្រងព័ត៌មានស្វែងរករបស់ពួកគេត្រឹមតែមួយដងប៉ុណ្ណោះ។
2. ឈ្មួញកណ្តាលអចលនទ្រព្យទទួលបានទិដ្ឋភាពទូទៅដ៏ធំធេងលើ ចំនួនអ្នកទិញសក្តានុពលជាមួយនឹងការចង់បានជាក់លាក់របស់ពួកគេដែលបានដឹងរួចហើយ (ពីកម្រងព័ត៌មានស្វែងររបស់ពួកគេ)។

3. ភាគីដែលចាប់អារម្មណ៍នឹងយើញតែការផ្តល់នូវអចលនទ្រព្យដែលពាក់ព័ន្ធនឹងការចង់បានជាក់លាក់របស់ពួកគេ (អាស្រ័យលើកម្រងព័ត៌មានស្វែងរករបស់ពួកគេប៉ុណ្ណោះ) ពីឈ្មួញកណ្តាលអចលនទ្រព្យទាំងអស់ (ប្រភេទនៃការជ្រើសរើសជាមុនស្វ័យប្រវត្តិ)។

4. ឈ្មួញកណ្តាលអចលនទ្រព្យនឹងធ្វើការតិចជាងមុនដើម្បីថែទាំ
សំណុំទិន្នន័យបុគ្គលរបស់ពួកគេសម្រាប់កម្រងព័ត៌មានស្វែងរក
នៅពេលកម្រងព័ត៌មានស្វែងរកបច្ចុប្បន្នចំនួនយ៉ាងច្រើនខ្លាំងគឺអាចរកបានជាអចិន្ត្រៃយ៍។

5. ដោយសារតែប្រព័ន្ធផ្តល់ផលផ្តួងអចលនទ្រព្យគឺអាចរកបានតែ
ចំពោះអ្នកផលបែបពាណិជ្ជកម្ម/ឈ្មួញកណ្តាលអចលនទ្រព្យ អ្នកទិញសក្តានុពលធ្វើការជាមួយភ្នាក់ងារអាជីព
និងមានបទពិសោធន៍។

6. ឈ្មួញកណ្តាលអចលនទ្រព្យត្រូវការរៀបចំការណាត់ជួបមើ
លតិចជាងមុន ហើយរយៈពេលធ្វើទីផ្សារជាវៗគឺខ្លីជាងមុន។
អ្នកទិញសក្តានុពល   សម្រាប់ផ្ទែករបស់ពួកគេ
ក៏ត្រូវការការណាត់ជួបមើលតិចជាងមុន
ក៏ដូចជារយៈពេលដែលត្រូវការរហូតដល់
ការចុះហត្ថលេខាលើកិច្ចព្រមព្រៀងទិញ ឬជួល។
7. នេះក៏សន្សំសំចៃពេលសម្រាប់ម្ចាស់អចលនទ្រព្យដែលនឹង
ត្រូវលក់   ឬជួលផងដែរ។   លើសពីនេះ
អត្រាទំនេរទាបជាងសម្រាប់អចលនទ្រព្យជួល
និងការទូទាត់ការទិញរហ័សជាងសម្រាប់អចលនទ្រព្យដែល
បានទិញតាមរយៈការជួល
ឬការលក់រហ័សជាងមានន័យជាលទ្ធផល
ដល់អត្ថប្រយោជន៍ហិរញ្ញវត្ថុផងដែរ។

ការយល់ដឹង   និងការអនុវត្តនៃគំនិតនេះសម្រាប់ការផ្លាស់ប្តូរ

អចលនទ្រព្យ

អាចនាំមកនូវភាពវ័កចម្រើនគួរឱ្យកត់សម្គាល់

ទៅដល់ការនាំសម្រុះសម្រួលអចលនទ្រព្យ។

10. ការរួមបញ្ចូលនៃប្រព័ន្ធផតថលផ្ដួងអចលនទ្រព្យក្នុងស្វហ្វ៉ាវ៉ារជើងសារអចលនទ្រព្យថ្មីដែលរួមមានទាំងការប៉ាន់តម្លៃអចលនទ្រព្យ

ជាវិសេស   ប្រព័ន្ធផតថលផ្ដួងអចលនទ្រព្យដែលរៀបរាប់នៅទីនេះ អាច   ឬគួរតែពីការចាប់ផ្ដើមនៃសមាសធាតុសំខាន់មួយនៃស្វហ្វ៉ាវ៉ារជើងសារអចលនទ្រព្យថ្មីដែលវិសេសអាចប្រើបានទូទាំងពិភពលោកៗ នេះមានន័យថា ឈ្នួញកណ្ដាលអចលនទ្រព្យអាចប្រើប្រព័ន្ធផតថលផ្ដួងអចលនទ្រព្យ   បន្ថែមទៅលើស្វហ្វ៉ាវ៉ារជើងសារអចលនទ្រព្យបច្ចុប្បន្នរបស់ពួកគេ ឬជាវិសេស ប្រើស្វហ្វ៉ាវ៉ារជើងសារអចលនទ្រព្យថ្មី ដែលរួមមានប្រព័ន្ធផតថលផ្ដួងអកឌៗនទ្រព្យៗ

ការរួមបញ្ចូលនៃប្រព័ន្ធផតថលផ្ដួងអចលនទ្រព្យមានប្រសិទ្ធផល និងថ្មីប្រឌិតថ្មីនេះនៅក្នុងស្វហ្វ៉ាវ៉ារជើងសារអចលនទ្រព្យផ្ទាល់ខ្លួនរបស់នរណាម្នាក់   បង្កើននូវចំនុចលក់ប្លែកគេជាមូលដ្ឋានសម្រាប់ស្វហ្វ៉ាវ៉ារជើងសារអចលនទ្រព្យ   ដែលសំខាន់សម្រាប់ការជ្រាតចូលក្នុងទីផ្សារៗ

នៅពេលការប៉ាន់ប្រមាណអចលនទ្រព្យគឺ និងគួរតែងតែរក្សាជា ទិដ្ឋភាពសំខាន់នៃការនាំសម្រេចសម្រួលអចលនទ្រព្យ ឧបករណ៍ប៉ាន់តម្លៃអចលនទ្រព្យគួរតែត្រូវបានរួមបញ្ចូលគ្នា តាមគ្រប់មធ្យោបាយទៅក្នុងសួហ្វវែរជើងសារអចលនទ្រព្យ។ ការប៉ាន់តម្លៃអចលនទ្រព្យជាមួយនឹងការគណនារៀងៗខ្លួនអាច ចូលទៅកាន់ទិន្នន័យ/ប៉ារ៉ាម៉ែត្រដែលពាក់ព័ន្ធពីអចលនទ្រព្យដែលបា នបញ្ចូល/ប្រគល់របស់ឈ្មួលជើងសារអចលនទ្រព្យតាមរយៈ គំណគ្នាប់។ បើចាំបាច់ ឈ្មួញកណ្ដាលអចលនទ្រព្យបន្ថែមប៉ារ៉ាម៉ែត្រ ដែលបាត់បង់ជាមួយនឹងដំនាញការទីផ្សារប្រចាំតំបន់ផ្ទាល់ខ្លួន របស់គាត់ ឬនាង។

លើសពីនេះ សួហ្វវែរជើងសារអចលនទ្រព្យគួរតែផ្ដល់នូវឱកាស ដើម្បីរួមបញ្ចូលនូវទេសចរណ៍និម្មិតនៃអចលនទ្រព្យដែលមាន។ ឧទាហរណ៍ នេះអាចត្រូវបានអនុវត្តយ៉ាងសាមញ្ញដោយកម្មវិធី បន្ថែមដែលបានអភិវឌ្ឍសម្រាប់ទូរស័ព្ទចល័ត និង/ឬថេប្លិត ដែលការថតនៃទេសចរណ៍អចលនទ្រព្យនិម្មិតគឺត្រូវបានរួមបញ្ចូល

ដោយស្វ័យប្រវត្តិយ៉ាងចំធែងដែលបានរួមបញ្ចូលទៅក្នុងស្វហ្វារ ជើងសារអចលនទ្រព្យ។

បើប្រព័ន្ធផតផលអចលនទ្រព្យប្រសិទ្ធផល និងថ្ងៃប្រឌិតថ្មីនេះគឺ ត្រូវបានរួមបញ្ចូលទៅក្នុងស្វហ្វារជើងសារអចលនទ្រព្យថ្មីជាមួយគ្នា នឹងការប៉ាន់តម្លៃអចលនទ្រព្យ នេះបង្កើនជានិន្នរភាពមួងទៀត ដល់ចំណូលសក្តានុពលដែលអាចទៅរួច។

Matthias Fiedler   Korschenbroich,

ថ្ងៃទី 31 ខែតុលា ឆ្នាំ 2016

Matthias Fiedler

Erika-von-Brockdorff-Str. 19

41352 Korschenbroich

អាឡឺម៉ង់

www.matthiasfiedler.net